7

Lk 3156.

OBSERVATIONS

SUR LE

PROJET DE VENTE

DES

Terres Communales

DE LA VILLE D'HYÈRES.

Par M. Alphonse de BOUTINY,

MEMBRE DU CONSEIL MUNICIPAL.

Janvier 1838.

OBSERVATIONS

sur

LE PROJET DE VENTE

des

TERRES COMMUNALES

DE LA VILLE D'HYÈRES.

En venant présenter à mes concitoyens quelques observations sur la *vente de nos terres communales*, je sens le besoin de les prier, d'abord, de ne voir en cette démarche que le désir le plus sincère et le plus ardent de contribuer, pour ma faible part, au bien de mon pays.

Puissent les quelques réflexions que je vais leur soumettre, réunies à celles de tous, discutées froidement, nous faire envisager enfin, sans préoccupation d'esprit de parti, un projet dont les conséquences à venir ne pourront plus être changées, et lieront, à tout jamais, les intérêts de nos enfants.

Loin de moi, Messieurs, toute pensée d'opposition personnelle aux projets de M. Denis; loin de moi, surtout, la pensée de rapetisser, aux mesquines limites de déplorables et passagères disputes, l'importante discussion de l'avenir entier de notre ville.

C'est en nous élevant au-dessus de tristes débats, que nous devons discuter un aussi grave sujet.

Dans cette affaire, qui nous intéresse tous, pauvres et riches, qui doit nous intéresser tous si vivement, on ne saurait mettre trop de calme, entendre trop d'avis, réunir trop de lumières, avant d'oser prendre un parti qu'on ne peut nier, quel qu'il soit, devoir être de la plus extrême importance.

La *vente des terres communales* se liant, dans la pensée de quelques personnes, au projet immédiat de racheter ses moulins et leur banalité, en la conservant cependant encore quelques années, et à l'espérance d'arriver, d'après certains calculs, à la suppression de l'octroi, dans 22 ans, sans diminuer alors les revenus de la ville, j'examinerai successivement, aussi dans leur ordre naturel, les avantages et les inconvénients que peuvent avoir ces divers projets.

Jetons d'abord un coup-d'œil sur l'état actuel de nos terres communales des *Maures*; sur leurs chances probables d'augmentation de revenus ; sur celles de diminutions, pour connaître leur valeur, les apprécier et juger ensuite s'il y a ou non avantage à les vendre.

D'après les plans que possède la ville et qui ont été faits avec la rigoureuse exactitude qu'ont apportée, dans leurs travaux, messieurs les Géomètres du cadastre, les Maures ont l'immense étendue de 4,633 hectares (12,194,000 toises.)

Leurs limites et celles des propriétés particulières voisines et enclavées, ont été fixées d'une manière si précise que la commune ne peut craindre à l'avenir aucun empiétement sur ses terres.

Notre vaste Domaine communal est généralement montueux, peu susceptible de culture, si ce n'est dans le fond de quelques vallées ; il est boisé de pins de diverses espèces, de chênes blancs, de chênes-liéges, de myrtes, de bruyères, d'arbousiers.

Le liége de ces forêts a été long temps d'un revenu assez faible pour la commune.

Jusqu'à ces dernières années, nos diverses administrations ayant ignoré, comme nous tous, la valeur du liége, avaient affermé celui de nos terres communales à de très-bas prix.

Depuis dix ans seulement l'attention des propriétaires, éveillée par les bénéfices des négociants de Pierrefeu, Collobrières, la Garde-Freynet, leur a appris enfin à connaître la valeur du liége, la culture de l'arbre, et l'importance de leurs forêts. Cette industrie nouvelle s'étendant de proche en proche, bientôt cou-

(6)

nue d'un assez bon nombre de nos concitoyens, leur fit espérer alors, qu'au renouvellement de la ferme de nos forêts communales, dont le moment approchait, la ville pourrait jouir d'une augmentation considérable de revenus.

Un nouveau bail a eu lieu au prix de 11,500 fr., le précédent était de 4200 fr. Mais lorsqu'il fut passé, nous ignorions tellement à Hyères la valeur des arbres à liége, qu'on les coupait comme des pins dans nos forêts particulières.

En 1836, au contraire, la valeur du liége était assez connue pour qu'on pût espérer un prix de ferme plus élevé.

Je sais positivement que les anciens fermiers ont fait un bénéfice d'au moins 90,000 fr. Ce que j'ai appris sur les premiers travaux des nouveaux fermiers, m'a mis à même d'apprécier quels seront leurs bénéfices. Mais j'ai trop le désir de prouver la vérité de ce que j'avance, pour ne pas soumettre au jugement de mes concitoyens les calculs d'après lesquels je puis les évaluer.

Les anciens fermiers ont recueilli, à la fin de leur bail, d'arbres presque tous *démasclés** par eux-mêmes, une récolte de liége du poids d'environ

quintaux.
6,000

Les diverses petites récoltes qu'ils ont

---

* On appelle *démascler* et *démasclage*, l'enlèvement de la première écorce du chêne-liége, trop grossière pour être employée. Sous cette première écorce, s'en trouve une seconde très fine, qui recouvre l'aubier, s'épaissit en huit ou dix ans, et devient un bon liége qu'on enlève alors comme la première écorce. Ce liége, ainsi que celui produit par les écorçages successifs, est livré au commerce et employé à ses usages.

(7)

recueillies, pendant leur bail, d'arbres
écorcés à diverses époques, ont été, au
moins, du poids total de   3,000

Ainsi les anciens fermiers ont recueilli   9,000 q.

Sur lesquels, tous frais payés, ils ont fait
un bénéfice net d'au moins 90,000 francs.

Or, comme à chaque écorçage de dix ans
d'intervalle, la récolte des jeunes arbres
est presque doublée, les 6,000 quintaux,
récoltés à la fin du bail écoulé, donneront,
à la fin de celui-ci, au moins   9,500 q.

Et supposant, contre la vérité, que les
récoltes intermédiaires n'augmentent pas,
je ne les compterai encore que pour   3,000

Ainsi, les fermiers d'à-présent auront à
recueillir pendant ce bail, des arbres qui
ont déjà donné du liége à leurs prédéces-
seurs, un poids total de   12,500 q.

Actuellement je sais que les nouveaux fermiers ont
dépensé pour l'opération première du *démasclage* la
somme de 10,000 francs en journées, et supposant de
3 francs le prix des journées, nous ne compterons que
3,000 journées pour les 10,000 francs dépensés.

Chaque homme *démascle* dans sa journée, en prenant un terme moyen, quatre-vingts jeunes arbres;
mais, comme dans les Maures, les arbres sont quelque-
fois fort espacés, que quelques arbres pouvaient être

assez gros, admettons pour nos évaluations qu'un homme dans sa journée n'en *démascle* que 5o.

Dans 3,ooo journées, à 5o arbres par journée, on a dû en *démascler* 15o,ooo.

Voilà donc 15o,ooo arbres nouveaux en culture, oubliés dans les autres *démasclages* ou devenus depuis assez gros pour subir cette opération et produire du liége à la fin de ce bail.

Ces arbres donneront, l'un dans l'autre, au moins 5 livres de liége, qui, pour 15o,ooo, feront un poids de 7,5ooq.

En les ajoutant au liége que produiront les arbres déjà écorcés, et dont nous avons évalué le poids à 12,5oo

Nous trouvons que les Fermiers actuels récolteront, dans leur bail, le poids de 20,000 q.

Le liége vaut à présent plus de 22 francs le quintal pris sur place, mais à cause de la baisse cependant peu probable avant longtemps, que ce prix pourrait éprouver, n'évaluons le liége qu'à 16 francs le quintal.

20,000 quintaux font 32o,ooo fr; pour obtenir ces 32o,ooo, nous allons voir quels pourront être les frais de main-d'œuvre et dépenses diverses qu'auront à faire les Fermiers.

D'abord pendant dix ans, une rente annuelle, à la Ville de 11,5oo fr., ci 115,000

Frais de démasclage des 15o,ooo nouveaux arbres 10,000

Frais d'écorçage du liége que produiront
ces jeunes arbres   9,000

Frais d'écorçage pour les 12,500 quintaux
de liége à récolter sur d'anciens arbres ; ces
arbres pouvant être évalués à douze livres
de liége l'un dans l'autre, il y aura 2,080
journées qui, à 3 francs, feront   6,240

Les intérêts des déboursés étant compen-
sés par les intérêts des rentrées, nous ne les
notons que pour mémoire.   000

Total des frais et déboursés de toutes espèces 140,240
qui, retranchés du prix des récoltes évaluées à 320,000

laisseront aux fermiers actuels un bénéfice
net de   179,760

Et mes calculs, au reste, sont au-dessous de ceux
des fermiers, puisque ces Messieurs, dont on ne saurait
récuser les connaissances pratiques, ont eux-mêmes
évalué de leur côté à 200,000 fr. les bénéfices qu'ils
comptent faire.

Ainsi, dans le courant de ce bail, nos fermiers ga-
gneront chaque année environ 18,000 francs sur leur
ferme; en les joignant aux 11,500 f. qu'ils donnent à
la commune, on voit que le revenu net seulement des
liéges de nos forêts s'élève annuellement à la somme
de 29,500 f.

Il faut avouer cependant que la ville ne pouvait
espérer, pour les dix ans de ce bail, un revenu aussi
élevé. L'active industrie de MM. les fermiers doit

leur être comptée , mais 10,000 f. par an eussent été ,
à mon avis , un bénéfice assez raisonnable , pour qu'ils
se fussent décidés à prendre la ferme à de meilleures
conditions pour nous.

Qu'il me soit permis de l'exprimer , ma conviction
est telle , que si le conseil municipal eût mieux connu
nos forêts , et que M. le Maire se fut moins pressé lors
de l'adjudication du bail , la ville en eût obtenu un
prix plus élevé.

Mais , laissons le passé et cherchons à apprécier le
revenu auquel pourra prétendre la ville lorsque ce bail
sera expiré.

Je sais combien , en agriculture , l'expérience vient
souvent démentir nos espérances : aussi , dans mes évaluations , comme je l'ai déjà fait , resterai-je encore
très au-dessous de ce que l'on pourrait , cependant ,
raisonnablement attendre.

Mais enfin , les liéges , ces mines d'or nouvellement
découvertes , valent plus que ne croient bien des personnes; je le demande à ceux qui ont quelques connaissances du sujet qui nous occupe ; n'est-il pas certain qu'après ce bail , le revenu en liége , de nos
Maures , augmentera nécessairement ?

N'est-il pas vrai que la quantité de liége que donne
un arbre écorcé plusieurs fois , au lieu de diminuer ,
augmente encore longtemps par le produit des bran-
ches? que le liége d'un jeune arbre , double environ
à un second , augmente encore à un troisième écorçage ?
Que puisque la moitié des chênes-liéges de nos forêts
communales (150,000 arbres) , seront écorcés pour la

première fois seulement, à la fin de ce bail, ils donneront, l'un dans l'autre, 10 livres au lieu de 5, à l'écorçage suivant ? Que de plus, d'autres jeunes arbres, dans nos grandes forêts, devenant susceptibles de démasclage dans huit ans, ajouteront ensuite au produit des anciens ?

Je le demande enfin, puisque ces observations sont justes, peut-on, à moins d'ignorer entièrement la culture et l'exploitation des chênes, estimer à moins de 11,000 quintaux l'augmentation en liège de la période de 10 ans qui suivra le bail actuel.

Or, pour cette nouvelle période de dix ans, en n'évaluant le liége qu'à 15 f. le quintal, en défalquant du prix total des récoltes tous les frais de main-d'œuvre, nous arrivons à trouver, tout énorme qu'il paraisse, le chiffre de 43,500 f. pour le revenu net et annuel que rendront alors nos Maures.

Maintenant, Messieurs, pourrais-je mériter le reproche d'exagération en n'évaluant encore qu'à 30,000 f. dans huit ou dix ans (au lieu de 43,500), le revenu net et annuel, pour la commune, des liéges de ces forêts qu'on a osé dire avoir atteint leur produit le plus élevé, dans la ferme actuelle de 11,500 fr.

Ces forêts ont été si dépréciées par ceux qui veulent les vendre à tout prix, que j'éprouve ici, Messieurs, presque de l'embarras à vous parler encore d'autres produits qui pourront ajouter, dans un avenir peu éloigné au revenu de nos liéges.

Ainsi, les parties cultivables des *terres gastes* pourront être successivement données en ferme par la commune et leurs valeurs, par l'augmentation de la population, acquérir un jour assez d'importance.

Nos forêts voisines de la mer, traversées par une grande route qu'on achève, resteront-elles inexploitées et sans valeur ? On ne le peut admettre ; et si leur exploitation, devenue possible et par la route et par les débouchés assurés par le déboisement si évidemment prochain des autres forêts plus rapprochées de nos grandes villes, ne devait rien ajouter aux revenus de la commune, elle aurait au moins l'avantage, par la coupe des pins, l'arrachage des bois bas, de faire presque disparaître, à l'avenir, les dangers du feu.

Nous voilà maintenant arrivés, Messieurs, à examiner les seules chances réelles de diminution du revenu de nos forêts, les chances du feu, redoutables sans doute, mais dont les conséquences ont été trop exagérées :

On n'ignore pas que le feu borne ordinairement ses ravages aux parties de nos forêts presque exclusivement boisées de pins et de bruyères ; ailleurs le bois est trop clair, les chênes-liéges sont trop éloignés les uns des autres et semés sur une trop vaste étendue pour qu'en admettant même qu'il y ait à l'avenir autant d'incendies que par le passé, le nombre des chênes brûlés soit assez considérable pour diminuer beaucoup le revenu de la forêt entière.

L'expérience a prouvé cette réflexion ; pendant 25 ans que des pâtres mal surveillés ont fait parcourir la forêt à leurs chèvres, les fréquens incendies qui l'ont ravagée , n'ont cependant pas empêché le nombre des chênes-liéges , pris en général , d'augmenter.

A chaque renouvellement de bail , les fermiers ont toujours un grand nombre de nouveaux et jeunes arbres à démascler.

Les revenus en liége ont toujours augmenté , même lorsque nos forêts , inconnues en quelque sorte, étaient négligées. Devons-nous supposer que les chances d'incendies seront plus nombreuses et plus malheureuses que par le passé , lorsqu'à l'avenir une surveillance plus attentive , des coupes de pins et bruyères , plus considérables et bien dirigées , isoleront les parties les plus exposées au feu.

Nous avons au reste évalué assez bas la quantité de liége qu'on récoltera , la valeur qu'il pourra avoir , et nous avons au contraire assez exagéré le prix de main-d'œuvre , pour que la faible évaluation des bénéfices que nous avons admis puisse entrer en compensation des pertes que le feu pourrait causer.

Je suis convaincu d'ailleurs , qu'avant peu d'années tout danger d'incendie aura presque disparu pour la majeure partie de nos terres communales.

La culture du liége qui s'introduit dans les forêts particulières qui nous entourent , fait qu'on arrache les bois bas , ce mode d'exploitation ôte presque tout danger du feu , mais comme il épuise aussi en peu de temps les produits en bois à brûler , il faudra bien que le commerce ait recours , pour ses besoins incessants , aux forêts éloignées.

Déjà on va chercher aux Maures des racines à brûler ; on pourra plus tard , et sur une grande échelle ,
diriger avec intelligence cette nouvelle exploitation ,
et les incendies ne pourront plus avoir alors , pour nos
forêts communales , les conséquences désastreuses dont
on a voulu nous effrayer.

Enfin , Messieurs, on a parlé d'empiétemens qui ,
diminuant toujours les terres communales , devaient
encore nous engager à les vendre avant qu'on n'en eût
entièrement dépouillé la commune.

Et là-dessus on a cherché à faire naître les plus odieux
soupçons contre quelques-uns de nos concitoyens ; on
les a représentés aussi comme intéressés à empêcher la
commune de vendre, parce qu'ils ne pourraient plus
empiéter sur les Maures et qu'ils avaient peur des recherches qui pourraient être faites contre eux pour
d'anciennes usurpations.

On peut répondre , même en raisonnant d'après
d'aussi injurieuses suppositions , que les propriétaires
voisins des terres gastes ne peuvent plus depuis long
temps , et surtout depuis que le dernier cadastre a si
bien tracé leurs limites et celles des Maures , faire le
moindre empiétement, que ces forêts restent à la ville
ou passent en d'autres mains.

Quant aux recherches que ces personnes pourraient
craindre des nouveaux propriétaires , pour d'anciennes
usurpations , je dirai seulement un mot : ces recherches ont été faites ; M. le Maire l'a fait avec assez d'éclat ;
et si le procès commencé dans l'intérêt prétendu de la
commune n'est pas terminé , probablement il en re-

(15)

doute l'issue ; tandis qu'au contraire , les propriétaires attaqués , désirent vivement que leur caractère et leurs intérêts trouvent enfin des juges.

Que pourrait donc faire à ces propriétaires la *vente de nos terres communales* ? rien , absolument rien pour eux-mêmes , mais beaucoup dans l'intérêt de tous, du pauvre surtout , qui aura le plus à souffrir un jour des conséquences de la vente qu'on projette.

Mais la ville , Messieurs , en raisonnant dans l'hipothèse établie par le procès , a le plus grand intérêt à ne vendre qu'après l'avoir terminé ; puisqu'en le gagnant, la commune, au dire de M. Denis , rentrera en possession d'immenses terrains usurpés par les riverains , et les aura , de plus , à vendre avec avantage , et que même , en le perdant , la ville n'ayant pas moins de terres alors qu'à présent , sera toujours à temps de conclure le marché proposé.

Et quant à ce marché et aux sommes offertes , dont a parlé M. Denis, n'est-il pas étrange qu'un Maire procède à l'évaluation des propriétés d'une commune , non par l'examen attentif de leur valeur actuelle , en estimant les améliorations dont elles peuvent être susceptibles , mais en les dépréciant autant qu'il est en lui, en prenant uniquement pour base de leur valeur les prix proposés par ceux qui veulent acquérir.

N'est-il pas étrange qu'au lieu de demander un prix plus élevé , au lieu de faire valoir nos propriétés , il ait l'air de dire aux acquéreurs qui se présentent , que la commune sera trop heureuse d'en passer par leurs propositions ?

Le mal est fait actuellement.

(16)

M. le Maire, emporté par trop de précipitation , a nui réellement à la commune , et je suis convaincu que si l'on persiste à vendre nos forêts, on ne pourra le faire avec les avantages qu'on eût pu obtenir , si M. Denis se fut exprimé sur elles avec plus de circonspection.

Enfin , Messieurs, si les preuves et les réflexions que je viens de vous soumettre ont pu , comme je l'espère, faire passer en vos esprits la conviction profonde du mien , que nos terres communales valent plus qu'on ne l'a dit, vous jugerez si la somme de 420,000 francs qu'admet M. Denis , dépréciateur de nos forêts , et qu'il nous engage à accepter, peut être agréée.

Passant maintenant au projet de rachat des moulins banaux , auquel on a eu l'adresse de lier la vente de nos forêts , j'observerai d'abord , Messieurs, que ce projet , bien différent de celui de la vente des Maures, ne saurait rencontrer pour lui-même aucune opposition. Je désire vivement le voir se réaliser parce que je sais combien est onéreuse , surtout pour la classe peu fortunée , cette banalité dont je voudrais nous voir affranchis. Mais ce désir , qui a été dans la pensée d'autres administrateurs que M. Denis, quoiqu'il ait paru dire le contraire, que j'ai entendu moi-même souvent exprimer par un de nos Maires auquel je tiens de trop près pour rappeler sa sollicitude pour le bien du pays, si ce désir n'a pas été effectué, c'est qu'alors apparemment il n'était pas exécutable. Les Maures étaient sans valeur , nos revenus suffisaient seulement aux besoins ordinaires et dans ce temps où l'on craignait d'augmenter les charges du peuple , la Ville ne pouvait songer à emprunter. D'autres difficultés , d'ailleurs sur lesquelles M. Denis semble vouloir nous faire illusion, pourraient rendre même aujourd'hui l'opération , comme il l'entend , onéreuse pour la Commune.

Le Maire, dans ses projets de rachat des moulins , est-il bien assuré des droits de la Ville ? Loin de moi la pensée de soulever des difficultés ; mais avant de rien entreprendre qu'on se pénètre de l'importance de bien interpréter la déclaration de 1764.

Voici l'article de cette déclaration jugée nous être favorable.

« Déclarons rachetables à toujours , comme rentes
» constituées à prix d'argent , toutes les redevances en
» fruits , grains et autres droits , taxes , censes et bana-
» lités que les communes justifieront avoir été acqui-
» ses autrefois , soit par leurs seigneurs , soit par d'au-
» tres particuliers , moyennant des sommes d'argent ,
» ou pour la libération d'anciens arrérages : autorisons
» lesdites communautés à exercer ledit rachat qui se
» fera sur le pied des sommes principales qui auront
» été autrefois fournies auxdites communautés , sans
» qu'on puisse leur opposer aucune prescription de
» quelque nature qu'elle puisse être. »

Peut-on , d'après cette pièce , ne conserver aucun doute ? Ne précipitons rien , et , si le rachat des moulins ne nous était pas possible d'une manière avantageuse, faisons cependant, et le plus tôt , cesser leur onéreuse banalité.

D'ailleurs, quel avantage résultera-il pour les habitants à voir simplement passer en d'autres mains ces moulins qui, [pendant 23 ans, et bien davantage, même d'après le projet, conserveraient les mêmes priviléges.

Qu'au lieu de spéculer long temps encore sur le prix de ses sueurs, le peuple puisse avoir le plus tôt possible, et au meilleur marché, le pain toujours trop cher pour lui.

Cherchons par une économie sévère dans nos budgets si enflés maintenant, les moyens de racheter les moulins, leur simple banalité, ou enfin d'obtenir par quelque arrangement, si nous ne pouvons mieux faire, l'abaissement du prix de mouture.

Et nous éviterions ainsi toute difficulté sérieuse, et ces idées que je ne fais qu'émettre, et qu'il faudrait modifier beaucoup peut-être, auraient au moins le grand avantage de ne pas exiger un bouleversement général et dangereux de la fortune de la ville.

Quant à l'octroi, Messieurs, à la suppression duquel on voudrait nous faire croire dans 22 ou 23 ans, il suffit de jeter les yeux sur le tableau qui nous a été présenté à l'appui du projet, pour y découvrir d'assez graves erreurs qui éloignent, bien plus que ne l'a dit son auteur, les espérances qu'il voudrait nous donner.

Ainsi M. Denís, en établissant que les moulins rendent 18,000 francs net, en conclut qu'il y aura, chaque année, un excédant de 6,000 francs sur les intérêts de 240,000 francs, somme qu'il suppose que coûteront les

(19)

moulins ; que cet excédant , économisé chaque année , et placé au 5 pour % reproduira , par des intérêts composés, en 22 ans 6 mois et 11 jours, la somme de 240,090 francs , dont pourra jouir alors la ville pour supprimer ses octrois.

Or , de ce revenu [prétendu net de 18,000 francs , M. Denis a oublié d'en soustraire 1,800 francs d'impositions , qui le réduisent à 16,200 francs , et ne laissent , par conséquent , que 4,200 francs d'excédant , sur les intérêts du prix des moulins au lieu de 6,000 francs.

Ensuite , pourquoi M. Denis nous parle-t-il d'intérêts au 5 pendant 23 ans, lorsqu'il sait que déjà la commune a placé des fonds à un moindre intérêt , lorsque évidemment l'intérêt de l'argent ne peut tarder à être légalement abaissé , et que déjà il est impossible de placer , avec quelque sûreté , une somme un peu considérable à plus de 4 pour %.

Ainsi s'évanouissent les brillantes espérances appuyées sur un calcul si plein d'inexactitudes.

Au reste , Messieurs , en supposant même que les recherches de M. Denis fussent exactes , cette suppression de l'octroi , résultat de calculs si compliqués et d'une économie si sévère pendant vingt-cinq ans , franchement pouvons-nous la croire possible.... ? Devonsnous espérer pour l'avenir , par de tels moyens , je ne dirai pas la suppression , mais seulement une diminution notable de nos octrois, lorsque depuis quelques années on surcharge le budget de dépenses qu'on pourrait et devrait éviter..... ?

Lorsque, dernièrement encore, malgré la prévision de travaux indispensables pour lesquels, précisément parce qu'ils seront coûteux, il eût fallu ménager avec scrupule les moindres ressources, le Maire, dédaignant certaines économies, n'a que trop prouvé qu'il ne voudra ni ne saura jamais en faire d'importantes.

Au reste, le leurre qu'on nous présente n'est que pour nous engager à vendre les Maures. En effet, pourquoi lier au projet de rachat des moulins, opération qui peut être faite isolément, cette vente des Maures qui, à mon avis, serait désastreuse pour la commune.

Si nos pères, lorsqu'ils en ignoraient la valeur, eussent vendu, avec plus de raison alors que nous n'en avons nous-mêmes, ces montagnes qu'on méprise; je ne sais si le prix qu'ils en auraient retiré eût pu traverser les orages de la révolution? Mais toujours est-il certain que la fortune de la ville serait moindre aujourd'hui, que celle que nous devons à ces mêmes terres.

Avant de terminer, Messieurs, considérons encore la fragilité des capitaux, le peu d'assurance de leur placement, les troubles, les guerres qui peuvent nous en priver; la facilité de les diminuer sous le moindre prétexte qui, dans le moment, nous paraît la loi de la nécessité, et à laquelle on regrette plus tard d'avoir cédé; considérons enfin qu'en admettant même que, par impossible, la commune pût conserver intact le prix de ses forêts, cette somme, dans un siècle, serait bien loin d'avoir sa valeur actuelle.

La dépréciation graduelle de l'argent, loin de s'arrêter avec le mouvement croissant de la civilisation, et l'énorme quantité de valeurs fictives créées par le commerce, ne peut que devenir bien plus rapide.

A juger de l'avenir par le passé, on peut dire avec certitude, que puisque, sous Henri IV, l'argent valait trois fois plus qu'à présent, il vaudra trois ou quatre fois moins dans un siècle; c'est-à-dire que nos trois ou quatre cent mille francs de capitaux ne vaudront pas plus alors que ne valent cent mille francs aujourd'hui. *

Ainsi donc, Messieurs, la force des choses dépouillerait inévitablement la commune de ses richesses en capitaux, tandis qu'au contraire, si des vues plus justes nous font rejeter les tristes combinaisons qu'on nous propose, nous aurons conservé à nos neveux une fortune au moins égale à la nôtre, puisque les terres ne perdent jamais de leur valeur, et nous n'aurons pas mérité le reproche de prodigues qui auraient sacrifié avec égoïsme, aux jouissances du moment, l'avenir de leurs enfants.

Une dernière et importante considération qui de-

---

* De 1599, à 1614, sous Henri IV et Louis XIII, le prix du marc d'argent, en rapportant les monnaies d'autrefois à celles d'aujourd'hui, était de

	fr.	c.
	19	90
De 1712 à 1727, il était de	26	99
En 1837, il est d'environ	57	»

En recherchant le prix du blé, qui représente les produits de la terre en général, nous voyons qu'ayant augmenté, en apparence, à peu près dans la même proportion que diminuait la valeur de l'argent, il est, par le fait, resté à peu près le même.

Le prix de l'hectolitre était, en 1614, de	8	80
Il est, de nos jours, d'environ	24	»

Depuis 150 ans la quantité de numéraire seulement qui est en France, a quadruplé; il est aujourd'hui de trois milliards et quatre cents millions de francs.

vrait arrêter toute administration amie du pauvre dans un projet déjà si désastreux pour la commune, c'est que l'aliénation des Maures privera la classe indigente des ressources qu'elle y trouve toute l'année, et surtout dans la saison rigoureuse.

En finissant la tâche que je m'étais imposée, Messieurs, je garderai le silence sur la crainte chimérique que l'on a témoignée de voir des empiétements sur les terres communales ; soupçons dont on a cherché à flétrir quelques-uns de nos plus honorables concitoyens que leur probité bien connue devait mettre à l'abri de pareilles imputations. Je me tairai enfin, parce que je ne veux pas par des paroles irritantes, ajouter aux dissentiments qui nous affligent.

Mais, croyez-le, Messieurs, ces hommes, qu'on a représentés à plusieurs d'entre vous comme des ennemis, ont un ardent désir de voir cesser cette division profonde que je déplore avec eux.

L'amour de leur pays a été le seul lien qui les ait réunis, je ne dirai pas dans une pensée d'opposition, mais dans une pensée d'union générale. L'esprit de parti a pu seul dénaturer les intentions les plus inoffensives pour le gouvernement, et appeler opposition cette alliance que nous espérions. Oui, Messieurs, il n'a pas tenu à nous que dans notre ville, si paisible autrefois, maintenant si troublée, les suffrages de nos concitoyens se réunissent, sans distinction d'opinion politique, sur les plus dignes, les plus capables de gérer nos intérêts communaux, de faire renaître et maintenir chez nous la paix qui nous a fui.

Quels intérêts peuvent donc servir nos divisions....?

(23)

Ah! Messieurs, enfants d'une même ville, comprenons-les mieux ces intérêts; réunissons nos efforts pour le bien général; que quelques torts, quelques paroles vives et blessantes ne laissent pas en nous d'ineffaçables souvenirs, et que, bientôt enfin, ce désir sincère que je vous exprime, devienne une heureuse réalité que j'appelle de tous mes vœux.

TOULON. — Imprimerie d'Hip. DUPLESSIS OLLIVAULT

www.ingramcontent.com/pod-product-compliance
Lightning Source LLC
Chambersburg PA
CBHW060605050426
42451CB00011B/2096